AF455600

ABBÉ ADRIEN ADAM

Curé de Joze (Puy-de-Dôme)
Membre de l'Académie des Sciences, Belles Lettres et Arts
de Clermont-Ferraud

Le vénérable César de Bus

Fondateur des Ursulines de France et des Pères de la Doctrine Chrétienne

AVIGNON
AUBANEL FILS AINE, Editeur
15, Place des Etudes, 15

1927

Imprimatur :
Avenione, die 8 Martii 1927.
E. Lucquin,
vic. gén.

ABBÉ ADRIEN ADAM

Curé de Joze (Puy-de-Dôme)
Membre de l'Académie des Sciences, Belles Lettres et Arts
de Clermont-Ferrand

Le vénérable César de Bus

Fondateur des Ursulines de France
et des Pères de la Doctrine Chrétienne

AVIGNON
AUBANEL FILS AINE, EDITEUR
15, PLACE DES ETUDES, 15

1927

Le Vénérable César de Bus

Fondateur des Ursulines de France
et des Pères de la Doctrine Chrétienne

I

Naissance et enfance de César de Bus. — Vertus de son adolescence. — Péchés de jeunesse. — Conversion.

1544-1576

César de Bus naquit à Cavaillon le dimanche 3 février de l'an 1544.

Son père, Jean-Baptiste de Bus était le chef d'une noble famille originaire de la ville de Rome et fixée dans le Comtat Venaissin depuis le milieu du XVe siècle.

Et sa mère appartenait à l'illustre maison des seigneurs de la Marche de Châteauneuf.

Ses vertueux parents élevaient dans la crainte de Dieu les treize enfants que le Ciel leur avait donnés.

César ne trouva donc que de bons exemples au foyer familial. Et de bonne heure il fit espérer qu'il continuerait fidèlement les traditions reçues des ancêtres. Sa piété, son obéissance, son amour de l'étude étaient remarquables. Et dans son entourage chacun prédisait qu'il serait prêtre un jour.

Bien loin de répugner à cette idée d'entrer dans

l'état ecclésiastique, l'aimable enfant l'acceptait volontiers.

Et il aimait à répéter qu'un jour, en effet, il aurait « une église à servir, un peuple à instruire, des prêtres à gouverner. »

A l'heure de la récréation, il se plaisait grandement à dresser des autels, à construire de petites chapelles, à prêcher ses jeunes compagnons, à imiter les cérémonies de la messe.

Il était d'une pureté angélique, sa vue seule suffisait à inspirer le goût de la vertu. Et lorsqu'il arrivait dans une compagnie, où s'était engagée une conversation peu séante, on se hâtait de donner un autre tour à l'entretien.

Au collège d'Avignon, où il fut mis à l'âge de quatorze ans et où il passa deux années entières, sa vertu, au lieu de subir la moindre éclipse, sembla, au contraire, briller d'un éclat encore plus vif.

On le vit jeûner un carême entier et tous les vendredis de l'année.

Ce précoce amour de la pénitence ne nuisit en rien au progrès de ses études. Et grâce à un travail toujours soutenu et à la vivacité de son intelligence, le jeune écolier alla de succès en succès.

Il avait une aptitude spéciale pour les Belles-Lettres. Et il composa alors sur des sujets tirés de l'Ecriture Sainte plusieurs tragédies, qui n'étaient pas sans mérite et qu'il fit représenter par les jeunes gens de Cavaillon, aux applaudissements de toute la ville.

*
* *

A son retour d'Avignon, il demanda à entrer dans la Confrérie des Pénitents noirs.

Il y fut admis et dans la suite, ses vertus le

firent élever à la dignité de vice-recteur d'abord, puis à celle de recteur, qui sont les premières de l'Association.

Jamais Pénitent ne fut plus exact à assister aux offices de la Congrégation, plus zélé pour le soin de la chapelle et pour l'érection du Tombeau du Jeudi-Saint, ou des reposoirs de la fête du Corps-Dieu.

*
* *

Les continuelles entreprises des Protestants dans ces provinces reculées du Midi de la France ayant obligé le Roi à lever des troupes, pour pacifier ce pays, César se souvint qu'il était gentilhomme catholique et il prit les armes contre ces dangereux ennemis de l'Eglise et de l'Etat.

Cette expédition mit en lumière tout ce qu'il y avait en lui de courage et de valeur chevaleresque.

Aussi bien, à la suite de cette affaire, Alexandre de Bus, son frère, qui avait été témoin des actions d'éclat, dont il avait été le héros, fit-il tous ses efforts pour l'attirer à la cour, où lui-même avait déjà ses entrées.

César céda aux instances de son aîné et vint à Paris. Il y passa trois années dans la société de tout ce que le royaume comptait alors de plus noble et de plus brillant. Années funestes, qui firent perdre à notre jeune homme tout ce qu'il avait amassé de mérites en un long temps.

La vanité commença à se glisser dans son cœur, et avec elle, le désir de plaire. L'enchantement des fêtes lui ôta peu à peu le goût de la prière et des choses de Dieu. Les danses et autres amusements frivoles, les galanteries, les mondanités de toute sorte occupèrent dès lors la plus grande partie des heures de sa journée.

*
* *

Cependant, le Seigneur ne se retirait pas de cette âme, qu'il avait choisie pour accomplir de grandes œuvres. Il la pressait constamment de revenir à sa ferveur première.

Et sous l'action de ce travail de la grâce, César trouvait de l'amertume jusque dans les plaisirs les plus délicats et les plus raffinés.

*
* *

Paris et la Cour ne lui donnant pas le bonheur qu'il avait rêvé, il revint dans sa province. La jeune noblesse de Cavaillon fut heureuse de constater les changements opérés dans sa vie par le séjour de la capitale, et comme il était d'ailleurs enjoué, plein d'esprit, d'une taille et d'une physionomie avantageuses, elle le reçut avec empressement dans sa société et en fit comme le roi de ses fêtes.

*
* *

Cependant deux serviteurs de Dieu éclairés intérieurement sur les desseins de la Providence à son sujet, travaillaient activement à obtenir du ciel la grâce de sa conversion.

L'un était un pauvre clerc de la ville de Cavaillon appelé maître Louis Guyot et l'autre une humble veuve venue de la campagne à la ville, pour être plus à portée des secours spirituels et connue sous le nom d'Antoinette.

Louis Guyot, à qui son instruction aurait permis de s'élever jusqu'au sacerdoce, s'en était tenu toujours éloigné par un sentiment de modestie, s'estimant indigne d'un si grand honneur. Il avait refusé plusieurs canonicats à simple tonsure et n'avait jamais voulu remplir d'autre place que celle de sacristain de la cathédrale de Cavaillon.

Comme Antoinette, avec laquelle il entretenait des rapports d'amitié spirituelle, il vivait dans un état d'union continuelle avec Dieu.

L'oraison de ces deux saintes âmes était constante. La lecture de la Vie des Saints et notamment de celle des Pères du désert en formait le fond et comme le sujet le plus ordinaire.

Leur jeûne était, pour ainsi dire, perpétuel. Et comme si une pénitence si dure n'eût pas suffi à les rendre agréables à Dieu, ils y ajoutaient encore d'autres mortifications et en particulier de sanglantes disciplines.

Leurs prières et leurs austérités redoublèrent encore, lorsque ces deux âmes apostoliques eurent entrepris de travailler à la conversion de Messire César de Bus.

Le jeune seigneur résista longtemps aux appels de la grâce.

Il céda enfin et prit la résolution de se convertir. Il en était là, lorsque ses affaires l'ayant obligé de se rendre en Avignon, il y fit la rencontre de plusieurs gentilshommes de ses amis, qui l'invitèrent à une fête préparée pour le soir même.

Il n'eut pas le courage de décliner cette invitation ménagée, selon toute apparence, par l'esprit du mal, pour le détourner du pieux dessein qu'il avait formé d'amender sa vie.

Il vint donc, se mêla à la foule des danseurs et, une fois de plus, il eut tous les succès de la soirée.

Cependant, en dépit de l'air de parfait contentement qui régnait sur son visage, César nourrissait au fond de son cœur un noir chagrin. Il souffrait intérieurement de se trouver en pareille compagnie, après ses bons propos de la veille. Et il la quitta bien avant que la soirée ne fut terminée.

Comme en s'en retournant à son logis, il passait devant l'église du couvent des religieuses de Sainte Claire, il entendit ces saintes filles chanter l'office de Matines.

Hé quoi ! se dit-il, voilà que ces pieuses vierges ont interrompu leur repos pour célébrer les louanges du Seigneur, et moi, pendant ce temps, je cours les rues pour l'offenser.

O mon Dieu ! ajouta-t-il, pardonnez-moi mon égarement !

Et en disant ces mots, il se prosterna au seuil même de l'église, comme terrassé par la main du Très-Haut. Il pria longtemps et quand il se releva, il était totalement converti.

Le lendemain, de bonne heure, il se rendit au Collège des Pères Jésuites, fit sa confession générale au R. P. Péguet, alors en grande réputation de sainteté dans la ville, en reçut des conseils de direction pleins de sagesse et commença à vivre chrétiennement.

*
* *

Louis Guyot et Antoinette furent bientôt instruits du merveilleux changement opéré dans la conduite de leur ami et ils en remercièrent vivement Dieu et ses Saints.

Cependant maître Louis craignait toujours que le monde ne tentât de nouveaux efforts pour gagner encore une fois celui qui en avait été le plus bel ornement.

Et pour amener César à rompre avec ses anciens amis sans possibilité de retour, il imagina un pieux expédient.

Un jour que le jeune homme priait dans la cathédrale de Cavaillon, il s'approcha de lui discrètement et lui présentant une torche de cire : « Monsieur, lui dit-il, veuillez prendre ceci et accompagner le Saint-Sacrement jusque chez un malade, à qui on va porter dans l'instant le Saint-Viatique. »

C'était lui demander de faire un acte de religion très-louable assurément, mais que les usages du monde interdisaient sévèrement aux personnes de sa condition.

César hésita un instant. Il pâlit à la pensée d'être reconnu dans l'accomplissement de cet humble office par quelqu'un de ses anciens amis. Il devinait d'avance les quolibets dont il serait l'objet de leur part. Cette démarche allait le rendre ridicule aux yeux de toute la société de Cavaillon et lui fermer toutes les portes.

Le jeune homme eut donc un moment de crainte et sa main trembla lorsqu'il voulut prendre le cierge, que lui offrait le dévot sacristain.

Mais bientôt il se ressaisit et rejoignant le prêtre, il l'accompagna avec beaucoup de religion jusque chez le malade, auquel on devait administrer les derniers sacrements et le ramena de même à l'église.

Or ce qu'il avait prévu arriva, et tous ceux de la noblesse qui le virent occupé à cet exercice de dévotion jugèrent qu'il avait perdu l'esprit.

II

Période de consolations spirituelles. — Pèlerinages. Visions du ciel. — Apparitions diaboliques. — César de Bus reprend ses études. — Il reçoit la tonsure et est pourvu d'un canonical dans la cathédrale de Cavaillon. — Apostolat auprès des siens. — Conversion d'un hérétique.

1576-1582

Dieu récompensa l'acte par lequel César avait triomphé de lui-même et du siècle, en le favorisant des grâces les plus singulières.

Il lui accorda le don d'oraison à un degré qu'on ne saurait concevoir et pendant cinq ans il lui fit éprouver dans la pratique de ce saint exercice des consolations inouïes.

Le nouveau converti trouvait dans la prière comme un avant-goût du ciel. Souvent son âme était ravie en Dieu et il lui paraissait qu'il n'était plus de ce monde, mais élevé déjà dans la gloire.

Les célestes rayons qui environnent les Bienheureux dans le ciel resplendissaient sur son visage et la nuit, lorsqu'il se levait pour méditer, toute sa chambre en était éclairée.

Un jour qu'il vaquait ainsi au sublime exercice de la contemplation, la Très-Sainte Vierge lui apparut sous la figure de Notre-Dame de Pitié avec les traits qu'elle avait en une pieuse image placée dans la chapelle de Notre-Dame de Giraud, aux portes de Cavaillon, où le bon jeune homme avait pris l'habitude de venir journellement faire ses dévotions.

La Vierge demeura longtemps avec son fidèle serviteur, l'entretenant familièrement, le caressant, comme une mère caresse son enfant, et cette vision céleste remplit l'âme de l'aimable adolescent d'une suavité non pareille.

A quelque temps de là, comme César se rendait en pèlerinage à Tarascon, au sanctuaire de Sainte-Marthe, il s'arrêta à Avignon pour rendre compte de l'état de son âme au Père Péguet, son directeur.

Il était descendu, suivant sa coutume, au Logis de la Mule.

Or, au milieu de la nuit, il se leva pour prier. Et voici que, tout-à-coup, un astre nouveau plus éclatant que le soleil brilla à ses yeux. Sa splendeur était telle que César de Bus crut contempler la gloire du Très-Haut lui-même et cette vision laissa une telle impression dans son âme que les beautés de la terre ne lui semblèrent plus dès lors que choses laides et méprisables.

Le démon jaloux des grâces si particulières que le Ciel accordait à celui qu'il avait jadis tenu sous son empire, voulut l'épouvanter par une apparition bien différente.

Il se montra à lui sous la forme d'un géant. Ses jambes étaient pareilles à de hautes colonnes. Ses yeux étincelaient comme étincelle dans la nuit le regard du fauve. Sa bouche exhalait une odeur nauséabonde. Une fumée épaisse et noirâtre s'échappait de ses narines, comme d'une cheminée d'enfer. Ses traits étaient d'une laideur repoussante. Et le monstre ouvrant ses bras gigantesques semblait vouloir enlacer notre malheureux jeune homme et l'emporter au fond des abîmes.

*
* *

Cependant, César se sentait pressé par la grâce

d'entrer dans l'état ecclésiastique, afin d'être plus à même de servir Dieu et les âmes.

Il s'ouvrit de ce dessein à son directeur, le Père Péguet, et celui-ci lui conseilla de ne rien entreprendre avant de s'en être entretenu plus au long avec Dieu.

Et il l'invita à venir au collège d'Avignon, pour y faire les exercices spirituels de Saint Ignace.

César consacra trois semaines à ces saints exercices et les pieuses réflexions qu'il fit, durant cette Retraite, le confirmèrent encore dans son louable projet de recevoir les saints Ordres.

Et comme dans sa première jeunesse, il avait laissé ses études, sans les achever, il voulut les reprendre et malgré qu'il fût âgé de trente ans, il serait venu volontiers s'asseoir sur le banc des écoliers, comme avait fait un demi-siècle plus tôt saint Ignace de Loyola, si son sage confesseur ne l'en eût détourné et ne lui eût offert de lui donner des leçons en son particulier.

Au demeurant, comme l'élève était bien doué et fort studieux, il se trouva bientôt assez instruit de la langue latine, pour commencer l'étude de la sainte théologie.

Il eut alors la pensée de se faire Chartreux ; mais le Père Péguet l'en détourna, en lui disant que Dieu le voulait ailleurs.

L'Evêque de Cavaillon, Christophe Scot, instruit des mérites de notre vertueux jeune homme lui conféra la tonsure et le pourvut d'un canonicat dans sa cathédrale.

Jamais on ne vit chanoine plus mortifié et plus assidu au chœur.

César jeûnait dès lors trois fois par semaine, couchait sur la paille, portait la haire et prenait souvent la discipline.

Il suffisait de le voir dans sa stalle chanter ou

psalmodier l'office divin, pour être tout de suite élevé à Dieu ; car sa prière ressemblait à celle d'un Ange.

Son exemple fut grandement profitable aux chanoines de Cavaillon et particulièrement à six d'entre eux, qui formèrent avec César une pieuse société, pour se fortifier mutuellement dans le bon désir de s'avancer dans la Perfection.

A cet effet, ils se réunissaient en une conférence, tous les dimanches, dans l'après-midi, en la chapelle de Saint-André, située dans les dépendances de l'Evêché.

Tous les mercredis et vendredis, ils s'y assemblaient encore pour se donner mutuellement la discipline.

*
* *

Le feu sacré de l'Apostolat commençait dès lors aussi à brûler dans l'âme de notre vertueux chanoine.

Les frères et sœurs de César furent les premières conquêtes de son zèle.

Et ils en vinrent tous successivement à renoncer aux vanités du siècle, pour pratiquer la religion chrétienne dans toute sa pureté.

César songea alors à gagner à Jésus-Christ une âme, qui lui était également bien chère, celle de son cousin, Jean-Baptiste Romillon, alors âgé de vingt-six ans et que l'hérésie de Calvin comptait au nombre de ses adhérents.

Il y réussit au delà de toutes ses espérances ; car à peine converti, Romillon se mit à imiter de point en point la vie de son vertueux parent et il fut bientôt son émule en sainteté.

César de Bus ayant reconnu en lui des marques non douteuses de vocation ecclésiastique, l'engagea à recevoir les saints Ordres et il lui obtint même une prébende à la collégiale de Salon.

III

César de Bus est ordonné prêtre. — Il s'adonne au ministère de la prédication et de la confession. — Mort de son frère Alexandre. — Sa retraite au cloître capitulaire de Cavaillon.

1582-1585

César de Bus, après s'y être longuement préparé par l'étude, par la prière et tous les exercices de la Vie Dévote, se décida enfin à recevoir l'ordre de prêtrise. Il était alors âgé de 38 ans.

Ce fut au moins d'août de l'année 1582 qu'il célébra sa première messe, au maître-autel de la cathédrale de Cavaillon, avec quels sentiments de piété, il est facile de le concevoir.

Il commença à annoncer la parole de Dieu dès le lendemain de son ordination, et l'église des Dominicains de Cavaillon eut les prémices de son Apostolat. Il prêcha depuis presque tous les jours de dimanche et de fête dans la cathédrale.

Ses discours bien différents de ceux de la plupart des prédicateurs de son temps, qui aimaient à surcharger leurs sermons de grec et de latin, de citations profanes, d'allusions mythologiques, ses discours étaient simples, à la portée de tous les auditeurs ; mais pleins d'onction et de piété.

Les peuples accouraient en foule pour les entendre et ils en retiraient de grands fruits de salut et de conversion.

En descendant de chaire, le chanoine de Bus trouvait son confessionnal assiégé et chaque jour il devait consacrer de longues heures à entendre les pénitents qui voulaient s'adresser à lui.

Le Seigneur au demeurant lui avait donné un talent merveilleux pour diriger les consciences et en particulier pour guérir de leur terrible maladie les âmes tombées dans le scrupule.

*
* *

Ce fut au milieu de ces saintes occupations que vint le surprendre la nouvelle de la mort de son frère, Alexandre de Bus, gentilhomme ordinaire de la Chambre du Roi, premier capitaine du régiment des gardes de Charles IX, mestre de camp d'un régiment, par commission de Henri III.

Ce fut à Agra, dans l'île Tercère, une des Açores, que ce brillant gentilhomme, l'honneur et l'espoir de sa maison, trouva la mort, le 25 juillet 1582, à l'âge de 33 ans.

César ressentit vivement cette perte cruelle ; car la dévotion bien loin d'éteindre en nous les sentiments que la Nature y a mis ne fait que les aviver, en les purifiant.

Mais après avoir versé de justes larmes sur la mort de ce frère bien-aimé, César se tourna vers Dieu pour adorer sa sainte Volonté et il fut assez heureux pour faire partager ces sentiments à tous les membres de sa famille.

Cependant l'heure était proche où l'Apostolat du chanoine de Bus déjà si fructueux allait s'exercer sur un champ plus vaste encore. Pour l'y préparer, Dieu lui inspira la pensée de se retirer, durant quelques années, dans la solitude.

Et c'est une chose digne de remarque que les plus grands missionnaires, qui aient jamais évangélisé le monde, ont tous éprouvé ce besoin de retraite, avant de commencer leur œuvre.

César trouva la sienne dans le cloître capitulaire devenu désert depuis que les chanoines de Cavaillon avaient renoncé à la vie commune, pour demeurer chacun en son particulier.

Le logement était sombre, étroit et malsain. Mais cette incommodité n'était pas faite pour décourager le nouveau solitaire.

César trouvant le lieu de sa retraite encore trop agréable, s'appliqua à en rendre le séjour plus pénible à la nature, en se privant d'une foule d'objets, que la sensualité et une trop grande recherche de nos aises nous font juger d'ordinaire indispensables. Un lit de paille garni d'une chétive couverture, une table de bois blanc, quelques sièges misérables en formaient à peu près tout l'ameublement.

César vécut trois années dans cette austère Thébaïde, n'en sortant que pour assister aux offices du chœur et remplir les autres fonctions de son ministère.

Dans les premiers temps qu'il y fût, il consentit à recevoir quelques visites des personnes de la ville. Mais ayant remarqué que ces gens ne venaient que pour passer le temps, ou satisfaire leur vaine curiosité, il se priva de leur commerce et n'eut plus de relations qu'avec François Ferréol, un de ses confrères, qui vint habiter auprès de lui, un pieux anachorète connu sous le nom d'ermite de la chapelle de Saint-Jacques et les Pères Capucins, qui passaient d'aventure par Cavaillon et avec lesquels César aimait à s'entretenir de choses spirituelles.

Dans cette retraite, le chanoine de Bus occupait ses loisirs à prier et à étudier.

Son oraison était continuelle. Les fins dernières de l'homme formaient le sujet le plus habituel de ses méditations.

La pensée de la mort était toujours présente à son esprit, ce qui augmentait encore sa soif de pénitences et de mortifications.

César commença dès lors à faire abstinence continuelle de chair et de poisson et à jeûner tous les mercredis, vendredis et samedis de l'année.

Chaque jour, il se flagellait cruellement, et la haire qu'il avait portée jusque là lui paraissant trop douce, il la remplaça par une cotte de mailles imitée de celle, dont la Tradition rapporte que saint Guillaume d'Aquitaine s'était revêtu.

Il porta ce cruel instrument de pénitence pendant six mois, jusqu'à ce que l'extrême froideur, qu'il lui procurait, durant l'hiver, le contraignit de s'en dépouiller, pour reprendre la chemise de crins qu'il avait précédemment.

Les heures que César ne donnait pas à la prière, il les consacrait à l'étude. Et c'est alors qu'il composa son catéchisme à l'usage des enfants, ses homélies sur les Evangiles de tous les dimanches de l'année et enfin ses « doctrines », ou cours complet d'instruction religieuse sur le Symbole des Apôtres, les Commandements de Dieu et de l'Eglise et les Sacrements.

IV

César de Bus réforme le monastère des Religieuses Bénédictines de Cavaillon.

1585-1586

La ville de Cavaillon possédait depuis longtemps un couvent de moniales de l'Ordre de Saint-Benoît.

Les religieuses de ce monastère, toutes filles de qualité, étaient issues pour la plupart des familles nobles du pays.

Leurs fréquents rapports avec leurs parents et avec les autres personnes de condition de la cité leur avaient donné des goûts peu en rapport avec la sainteté de leur état.

Et à la longue, elles en étaient venues à se relâcher de leur ancienne ferveur et à abandonner grand nombre d'observances de leur Règle.

César gémissait de voir une aussi sainte maison tombée dans la tiédeur. Et Dieu lui inspira la pensée de la réformer.

Sur ces entrefaites, une jeune et noble demoiselle, du nom de Catherine de la Croix, qui avait été admise aux honneurs de la Cour, renonça au siècle et, conduite par la main de la Providence, vint à Saint-Benoît de Cavaillon, pour y prendre l'habit.

Le Seigneur donna à entendre au chanoine de Bus qu'elle serait son auxiliaire dans l'œuvre de la réformation projetée.

Mais dès la première visite que César fit à la jeune prétendante, au parloir de son couvent, celle-ci lui annonça qu'elle ne pouvait séjourner plus longtemps dans une maison aussi peu réglée et qu'elle songeait à entrer chez les Dames de Sainte-Claire d'Avignon.

Mais l'Homme de Dieu la détourna de ce dessein, lui assurant que la volonté du ciel n'était pas telle; mais bien qu'elle demeurât à Cavaillon et qu'elle y pratiquât dans toute sa rigueur la règle de Saint-Benoît.

Et il s'offrit à l'observer lui-même de point en point, jusqu'à ce qu'elle eût réussi à décider les autres religieuses à en faire autant.

Mais celles-ci, qui en entrant dans la Religion ne songeaient nullement à embrasser l'Etroite-Observance de la Règle de Saint-Benoît, mais à prendre un état de vie relativement commode et facile, se mirent aussitôt à pousser les hauts cris, disant qu'on voulait les charger de liens qu'elles ne s'étaient nullement engagées à porter.

Et César et sa fille spirituelle se virent accommodés de singulière façon.

Les familles des Religieuses prirent parti pour elles et firent un tel bruit que l'évêque Dominique Grimaldy, pour se délivrer de leurs importunités, défendit à César de fréquenter le monastère et lui conseilla même de sortir de la ville.

Toutefois, son exil ne fut pas de longue durée. Car ce prélat ayant, peu après, été pourvu de l'archevêché d'Avignon, eut pour successeur, sur le siège de Cavaillon, messire Pompée Roch, qui favorisa de tout son pouvoir le zèle du saint Homme.

Le nouvel évêque voulant même faciliter la réconciliation de César avec les Dames Bénédictines l'envoya un jour de fête à leur couvent, pour leur donner la Communion.

Mais celles-ci ne voulurent point la recevoir de sa main et se retirèrent dès qu'elles l'aperçurent à l'autel.

L'humble César savoura l'affront qui lui était fait et rentré chez lui, il envoya aux irascibles moniales un magnifique poisson.

Touchées enfin de tant de vertu, les Religieuses se soumirent à tout ce que notre pieux chanoine désirait d'elles.

Elles pleurèrent sur leurs égarements passés, demandèrent pardon à Catherine de la Croix et à son saint directeur de la persécution qu'elles leur avaient fait subir, permirent à l'austère postulante de faire son noviciat aussi sévèrement qu'elle voudrait, renouvelèrent elles-mêmes leurs vœux et commencèrent à édifier la ville des bons exemples de leur vertu.

V

César de Bus découvre une nouvelle méthode pour enseigner la Doctrine chrétienne. — Il prêche l'Avent et le Carême à Cavaillon. — Il tombe malade. — Son entrevue aux eaux de Balaruc avec Jean de la Barrière, réformateur des Feuillants. — Il prêche les exercices de la Doctrine chrétienne à Aix et à Salon. — Il convertit plusieurs hérétiques. — Sa retraite à l'ermitage de Saint-Jacques. — Il y reçoit la visite du père Ange de Joyeuse, capucin. — Réforme du couvent des Dominicains de Cavaillon. — Les guerres de religion obligent César de Bus à quitter son ermitage et à reprendre son ancien logement du cloître capitulaire de Cavaillon. — Il restaure la Cathédrale. — Mission de Caderousse, au diocèse d'Orange.

1586-1592

La Doctrine chrétienne, au temps où vivait César de Bus, était peu ou mal enseignée au peuple.

Les fidèles, il est vrai, avaient des pratiques extérieures de Religion. Mais beaucoup, parmi eux, étaient très ignorants des mystères de la foi.

Ce qui permettait aux ministres de l'hérésie calvinienne de répandre dans les masses la semence de l'erreur. L'usage d'enseigner aux enfants et aux ignorants, par demandes et réponses, les Rudiments de la foi, était peu répandu encore dans l'Eglise.

Et César de Bus fut un des premiers à adopter cette méthode d'apostolat, presque inconnue alors et qui depuis a produit dans tous les pays catholiques des fruits de salut si abondants.

Une clochette à la main, il s'en allait par les rues, réunissant tous ceux qui voulaient s'instruire à son école et quand l'assemblée était formée, il leur expliquait familièrement quelqu'un des points de notre croyance. C'était ce qu'il appelait faire « la petite Doctrine ».

Indépendamment de cet exercice réservé aux plus jeunes et aux plus simples de ses auditeurs, César en avait imaginé un autre qu'il appelait « la moyenne Doctrine ».

Celui-ci s'adressait non plus seulement aux enfants, mais aux adultes.

C'était un peu ce que nous nommons aujourd'hui « Catéchisme de persévérance », et on peut dire que César de Bus fut véritablement le père et l'auteur de ce genre de prédication utile et fructueux entre tous.

Le sermon solennel tel que nous l'entendons aujourd'hui ne fut pas inconnu de César de Bus et il n'était pas au dessus de ses moyens.

César l'appelait « la grande Doctrine ». Mais il n'en fit guère usage, parce qu'il l'estimait moins utile aux âmes et plus propre à faire valoir le mérite de l'orateur, qu'à procurer la gloire de Dieu.

La « petite et la moyenne Doctrines » avaient toutes ses préférences et il excellait dans ce genre de prédication. Lorsqu'il expliquait, suivant cette méthode, une vérité du dogme ou de la morale catholique, en s'aidant de quelqu'un des tableaux qu'il avait fait peindre à cet effet, il arrachait souvent au peuple des larmes de componction et de repentir.

L'évêque de Cavaillon, messire Pompée Roch, témoin des heureux fruits de conversion et de salut produits par les catéchismes du vertueux chanoine lui demanda de prêcher l'Avent et le Carême dans sa cathédrale.

César accepta avec empressement cette mission. Et il s'en acquitta parfaitement.

Mais lorsque vinrent les fêtes de Pâques, l'ardent missionnaire était à bout de forces.

Les travaux excessifs auxquels il s'était livré, durant cette double Station, joints à ses austérités accoutumées avaient eu raison de sa robuste santé.

Et les médecins lui interdirent toute étude et toute méditation.

Sa famille intervint à son tour et l'obligea à quitter le cloître capitulaire et à revenir à la maison paternelle recevoir les soins exigés par son état.

César obéit avec la simplicité d'un enfant.

Il acquiesça de même aux désirs des siens, lorsque ceux-ci, avec le retour de la belle saison, lui demandèrent d'aller prendre les eaux de Balaruc.

Il fut bien récompensé de sa docilité par la rencontre qu'il fit, en ce pays, d'un des plus saints moines de ce temps-là, le vénérable Jean de la Barrière, abbé des Feuillants.

Ce saint homme avait voulu mettre la réforme dans son monastère.

Et pour y réussir plus sûrement, il avait commencé par observer lui-même dans toute sa rigueur la Règle de Cîteaux.

Renchérissant même sur la sévérité de la discipline cistercienne il en était venu à vivre, quatre années durant, d'herbes sauvages, de fleurs de genêt et de quelques fruits.

Parmi ses religieux, plusieurs craignant que leur abbé ne voulût les obliger à embrasser un genre de vie si austère, l'avaient abandonné ; quelques-uns même avaient voulu attenter à ses jours, et les autres l'avaient dénoncé au Chapitre général de l'Ordre.

Jean de la Barrière avait comparu devant ce Tribunal, et il avait répondu aux accusations portées contre lui avec tant de douceur et de modestie que tous ceux qui le composaient en avaient été édifiés.

A la fin, son exemple avait été suivi, et tous les religieux les plus fervents de l'Ordre avaient demandé à se joindre à lui et à reprendre les Observances primitives de Cîteaux.

Mais tant de souffrances physiques et morales avaient ébranlé la santé de l'abbé des Feuillants et lui aussi avait dû venir demander aux eaux de Balaruc un peu de soulagement.

Les deux serviteurs de Dieu eurent de fréquents entretiens et ils s'encouragèrent mutuellement à persévérer dans leurs bonnes résolutions.

*
* *

Le repos et les eaux de Balaruc ayant produit les plus heureux effets sur la santé de César de Bus, le zélé chanoine ne tarda guère à reprendre ses travaux apostoliques.

L'archevêque d'Aix, le vertueux Canigius, qui avait vécu autrefois en la compagnie de Saint Charles Borromée et s'occupait alors d'écrire la vie de cet illustre pontife, lui ayant demandé de venir prêcher les fêtes de la Pentecôte dans son église métropolitaine, César accepta et sa parole ravit d'admiration tous ceux qui l'entendirent, aussi bien messieurs du Parlement et de l'Université que les gens du commun.

Ce fut durant son séjour à Aix qu'on lui remit un jour, comme il descendait de chaire, une lettre dans laquelle son frère l'informait qu'une servante de Cavaillon l'accusait de l'avoir subornée.

César s'en remettant à Dieu du soin de sa justification se contenta de répondre :

« J'ai vu par votre lettre, monsieur mon frère, « comme je fais bien parler de ma vie, à Cavaillon. Je ne m'en étonne pas, car je suis si « misérable que je ferais beaucoup pis, si Dieu ne « me tenait de sa main. Mais je le remercie de « ce qu'il ne m'a pas encore lâché les rênes si « longues, que je me sois éloigné de lui jusque-là. « J'espère que ceux qui ont conçu cette mauvaise « opinion de moi, quand ils me verront en face, « diront tout haut de m'avoir pris pour un autre. »

Ses prévisions se réalisèrent. Car la malheureuse fille qui l'avait accusé reconnut bientôt avoir été poussée à répandre dans le public cette affreuse calomnie par des libertins que les prédications du saint homme avaient irrités.

*
* *

Un jour que dans l'intervalle de ses travaux, César était venu à la grille du couvent de Sainte Claire d'Aix rendre visite à une religieuse de ce monastère appelée Sœur Marie de Paule, cette dame le vit soudain, pendant qu'il s'entretenait avec elle de sujets de spiritualité, tomber en extase, s'élever de terre et demeurer dans cette attitude un temps assez long.

Revenu à lui, l'humble prêtre fut tout honteux d'avoir été surpris dans cet état de ravissement ; il se retira aussitôt et dans la suite il ne parut que fort rarement au parloir de Sainte Claire.

*
* *

Sur ces entrefaites, arriva à Aix, suivi d'une grande foule de peuple qui l'acclamait, un ermite appelé Valéry.

Cet ermite était Espagnol d'origine et il revenait d'un long pèlerinage en Italie.

Il affectait des dehors austères, qui séduisaient tous ceux qui le voyaient.

On le prenait pour un grand saint.

L'engouement de la multitude pour lui était tel que lorsqu'il mettait le pied sur le territoire d'une paroisse, on venait l'attendre avec le dais, aux limites, pour le conduire en triomphe jusqu'à l'église.

L'archevêque d'Aix lui-même se laissa tromper par ce faux air de dévotion.

César eut beau lui répéter : « Monseigneur, sans doute, vous serez trompé », le prélat persista dans son premier sentiment et avec tout son peuple, il crut que l'ermite Valéry était un de ces prophètes puissants en œuvre et en paroles, que Dieu envoie de temps en temps, pour prêcher aux hommes la pénitence.

Mais à la fin, l'imposture du faux anachorète fut reconnue.

On découvrit plusieurs crimes abominables dont il s'était rendu coupable et le parlement le condamna à être brûlé vif.

*
* *

En se rendant d'Aix à Cavaillon, César passa par Salon.

On l'y retint, pendant plusieurs semaines, et on le pria d'édifier la ville de quelque discours.

Le chanoine céda à ces instances, et, là encore, sa parole porta des fruits et ramena à la vraie foi plusieurs hérétiques et notamment la propre tante de César, Madame de Châteauneuf, sœur du baron de Sénas, un des plus chauds partisans, en ces pays-là, de la religion prétendue réformée.

*
* *

Il convertit de même, après qu'il fût de retour à Cavaillon, une noble demoiselle de la maison de Saint-Privat, Suzanne de Fallet, qui épousa, dans la suite, M. de Sabran.

Mademoiselle de Fallet et sa tante, Madame de Grignan, avaient quitté Avignon, lieu de leur résidence habituelle, pour fuir la peste qui sévissait en cette ville, et elles étaient venues se réfugier à Cavaillon.

Madame de Grignan gémissait de voir sa nièce engagée dans le parti de l'erreur, et elle faisait tous ses efforts pour l'en tirer.

N'y réussissant pas comme elle l'eût désiré, elle recommanda la jeune huguenote aux prières du bon chanoine et elle le supplia de venir à son aide, dans cette œuvre de la conversion d'une âme, qui lui était si chère.

César de Bus rendit plusieurs fois visite à Madame de Grignan, avec l'espoir de lier conversation avec sa nièce et de la convaincre de son erreur.

Celle-ci, à la vérité, fut grandement édifiée des propos du saint homme.

Mais elle n'en persistait pas moins dans son sentiment.

Les choses en étaient là, lorsqu'un jour, Madame de Grignan étant venue, en compagnie de sa nièce, assister à la messe de M. de Bus, celui-ci inspiré du ciel comprit que l'heure de la grâce avait sonné pour la pauvre hérétique.

Appelant donc une des suivantes de la comtesse de Grignan, il la pria de dire à Mademoiselle de Fallet de venir lui parler.

Ce message troubla à tel point la noble demoiselle qu'elle se mît à trembler de tous ses membres et qu'elle s'excusa de ne pouvoir répondre sur le champ aux désirs du vertueux chanoine.

Mais César sentant qu'il ne fallait plus différer d'agir sur cette âme : « Allez dire à Mademoiselle, ordonna-t-il à la servante, que je lui mande de venir tout maintenant. »

Mademoiselle de Fallet s'étant présentée devant César :

« Ma fille, lui dit-il, mettez-vous à ce confessionnal ; car je veux vous dire un mot. »

« Mais, Monsieur, reprit-elle, vous savez bien que la religion, dont je fais profession, me défend de me confesser. »

« Mettez-vous là, vous dis-je, répliqua César ; je n'ai qu'un petit mot à vous dire. »

Mademoiselle de Fallet tombe enfin à genoux.

« Eh bien ! lui dit alors le serviteur de Dieu, quelle opinion avez-vous de moi ? Me tenez-vous pour un homme de bien, ou pour un méchant ? »

« Pour un fort homme de bien, répond-elle. »

« Estimez-vous aussi que je sache plus que vous ? »

« Oui, certes, déclare-t-elle. »

« S'il en est ainsi, remettez-moi votre âme entre les mains et soyez assurée que je ne voudrais pas vous tromper. Sachez que vous êtes dans l'erreur et que votre religion ne vaut rien. Si vous craignez que votre âme se perde, j'engage la mienne à sa place et en réponds ainsi devant Dieu. »

Mademoiselle de Fallet ne résiste plus : « Monsieur, s'écrie-t-elle en sanglotant, je vous baille mon âme. »

« Eh bien ! conclue le serviteur de Dieu, que pensez-vous de ce changement ? Notre-Seigneur n'en est-il pas l'auteur ? A lui seul en soient rendus l'honneur et la gloire. Je ne voulais pas autre chose de vous pour le présent. Levez-vous et vous en allez remercier le Seigneur d'une si grande miséricorde. Je m'en vais dire la messe en action de grâces de ce bienfait, vous assurant que je lui offrirai votre âme en sacrifice de louanges. »

Mademoiselle de Fallet quitte le confessionnal, s'agenouille devant la balustrade du chœur et là, pendant une demi-heure, elle ne fait que pleurer et sangloter.

Le lendemain, César va la trouver et lui dit brusquement : « Or ça, rendez les armes ; car vous êtes ma prisonnière ! »

Mademoiselle de Fallet comprit qu'il voulait parler des livres hérétiques qu'elle avait en sa possession et elle les lui remit aussitôt.

Puis assistée de sa tante, de son directeur et de tous les notables habitants de la ville, elle se rendit chez l'évêque de Cavaillon, pour faire entre ses mains abjuration de son hérésie.

*
* *

Au lieu de tirer vanité de tous ces succès, César de Bus ne cherchait qu'à passer inaperçu aux yeux de tous.

Et la solitude l'attirait plus que jamais.

Il y avait près de Cavaillon, au sommet d'une montagne, un ancien ermitage adjoint à une chapelle dédiée aux saints apôtres Philippe et Jacques et que les protestants avaient en partie ruinée.

César la restaura et fit rebâtir à ses frais la cellule de l'ermite.

Et quand ces divers travaux furent achevés, il vint s'y retirer, trouvant ce lieu fort propice à la prière et à la contemplation.

Le Seigneur lui fit goûter dans cette nouvelle retraite quelque chose des suaves douceurs, dont il avait comblé, sur le mont Alverne, le Séraphin d'Assise, Saint François.

Et un jour, entre autres, après que le pieux solitaire eut fait à Dieu un abandon total de sa volonté, le Seigneur lui montra la place qu'il occuperait dans le ciel.

César en fit naïvement la confidence à l'abbesse des Bénédictines de Cavaillon, Madame Catherine de la Croix.

Voulant inciter cette sainte religieuse à faire elle-même un acte de renoncement absolu de sa volonté, il lui avoua ingénument connaître une personne à qui Jésus-Christ, en suite d'une semblable renonciation, avait fait voir la place, qui lui était réservée dans le ciel.

« Laquelle personne, interrogea vivement l'abbesse, n'est guère éloignée de nous ? »

César se sentant deviné sourit et ne dit plus mot.

*
* *

Cependant les foules venaient chercher jusque dans son désert celui qui savait si bien les édifier.

César ne voulant pas refuser aux âmes le pain spirituel qu'elles sollicitaient de sa charité fit dresser dans sa chapelle une chaire et un confessionnal, et dès lors, chaque dimanche, avant de commencer sa messe, il entendit les confessions des nombreux pélerins accourus de tout le pays environnant et leur adressa une pieuse exhortation.

Et comme le chemin qui conduisait à son ermitage était dur et fort étroit, il en fit tracer un second taillé dans le rocher et y travailla lui-même des journées entières.

Il éleva le long de ce sentier cinq oratoires, en l'honneur des cinq mystères douloureux du Rosaire, et par l'entremise de l'évêque de Cavaillon, il obtint du pape Sixte V de précieuses indulgences pour ceux qui viendraient prier devant ces Stations.

Parmi la foule des pieux visiteurs venus à l'ermitage de Saint-Jacques, on vit un jour le célèbre Père Ange de Joyeuse, capucin, et on assure que César de Bus lui prédit plusieurs circonstances de sa vie.

*
* *

Le temps que M. de Bus ne donnait pas à la prière et au ministère apostolique, il l'employait à confectionner des croix et des chapelets, qu'il distribuait aux pèlerins.

Parfois aussi, il quittait son Thabor, pour descendre dans la plaine et aller dans les villages voisins enseigner la Doctrine chrétienne à ceux qui l'ignoraient.

Assis tantôt sur un tertre, tantôt sur un pan de mur, il expliquait les mystères de la foi aux bonnes gens venues pour l'entendre.

*
* *

Ce fut alors aussi qu'il introduisit la réforme dans le couvent des Dominicains de Cavaillon.

Cette œuvre fut laborieuse. Mais, avec la grâce de Dieu, César finit par la mener à bien et les Frères-Prêcheurs cédant à la force de ses exemples et de ses exhortations, consentirent unanimement à faire abstinence perpétuelle de chair, à se lever la nuit, pour célébrer l'office de Matines, à se passer de linge et à reprendre toutes les anciennes Observances de leur Institut.

*
* *

Sur ces entrefaites, les Calvinistes ayant tenté de nouvelles incursions dans ces contrées, obligèrent César à quitter son ermitage de Saint-Jacques, où il n'était plus en sûreté.

Le bon chanoine revint au cloître capitulaire de Cavaillon et ayant remarqué que la cathédrale avait besoin de plusieurs réparations urgentes, il les fit, et, en grande partie, à ses frais.

*
* *

Peu après, Jean de Tulle, évêque d'Orange, à qui les violences des Huguenots ne permettaient pas de résider dans sa ville épiscopale et qui faisait alors son séjour à Caderousse avec son Chapitre, son clergé et tous ceux de ses diocésains demeurés fidèles à la religion de leurs pères, fit prier messire de Bus de venir consoler et fortifier, par sa parole, le pasteur et le troupeau dispersés.

César s'y rendit avec empressement et il prêcha à ces victimes de l'intolérance protestante une mission très consolante et très fructueuse.

VI

Mission du Vivarais. — Premiers commencements de la Congrégation des Pères de la Doctrine chrétienne. — Mission du duché de Ventadour, en Limousin. — Etablissement définitif de la Congrégation de la Doctrine chrétienne. — On donne aux doctrinaires les églises de Sainte-Praxède et de Saint-Symphorien d'Avignon. — Nouvelles recrues. — César de Bus devient aveugle. — Sa résignation au milieu de cette épreuve.

1592-1597

L'évêque de Viviers, Jean de l'Hôtel, ayant appris quels fruits de salut opérait la parole du chanoine de Bus désira en faire profiter son diocèse, lequel, pour lors, avait grandement besoin d'être secouru.

Car les Huguenots en avaient fait comme un des boulevards de leur parti.

Il supplia donc l'évêque de Cavaillon de lui céder, pour un temps, l'apôtre du Comtat.

Celui-ci y ayant consenti, César se disposa à partir pour ce nouveau champ de son Apostolat, avec son cousin, Jean-Baptiste Romillon, qui avait accepté de partager avec lui les travaux et les dangers de cette mission, en pays hérétique.

Mais auparavant, ils voulurent s'y préparer par une retraite ; et c'est à l'Isle qu'ils firent ensemble ces exercices spirituels.

Après quoi, ils se mirent en route.

A Viviers, ils se séparèrent, après s'être partagé les paroisses, où ils prêcheraient tour à tour.

César de Bus eut à évangéliser, pour sa part, la ville épiscopale et toute la région circonvoisine.

Il se mit à l'œuvre sans retard, et on le vit dès lors parcourir, à pied, tous les bourgs et tous les hameaux de la contrée, prêcher trois et quatre fois, par jour, et avec tant d'ardeur et de conviction, que les plus tièdes eux-mêmes en étaient touchés.

Le reste de ses journées et une grande partie de ses nuits se passait à entendre les confessions, à visiter les infirmes, à réconcilier des ennemis, à accorder des procès, à établir de pieuses confréries, ou des œuvres de miséricorde.

Le bien accompli fut immense, et le Vivarais tout entier avait entendu la parole des deux missionnaires, lorsque la guerre civile éclatant de nouveau dans cette malheureuse province obligea César et Romillon à rentrer dans leur pays.

M. de Bus jugea alors que l'heure était venue de jeter les fondements d'une œuvre, qu'il rêvait depuis longtemps, nous voulons parler de la Congrégation de la Doctrine chrétienne.

Mais il ne voulut rien entreprendre, avant de s'être ouvert de son projet à son évêque, Jean-François Bordini.

Celui-ci était bien capable de comprendre le serviteur de Dieu.

Ancien disciple de saint Philippe de Néri et associé jadis à Baronius, dans son immense travail de l'Histoire de l'Eglise, il était doué d'autant de science que de vertu et il avait dû à son seul mérite son élévation à l'épiscopat et le titre de vice-légat d'Avignon, dont il était pourvu.

César lui ayant fait part de son dessein, le vertueux prélat répondit qu'il s'estimait heureux de voir une œuvre si désirable prendre naissance dans son diocèse.

M. de Bus manda alors aux ecclésiastiques, dont il s'était assuré le concours d'avoir à se réunir à l'Isle, pour y tenir la première assemblée de la Doctrine chrétienne.

C'étaient Jean-Baptiste Romillon, chanoine de l'Isle ; Michel Phinély, chanoine de Saint-Agricol d'Avignon ; Jacques Thomas et Gabriel Michel.

L'assemblée eut lieu le 29 septembre de l'an de grâce 1592, en la fête de Saint-Michel.

César demanda à ses confrères s'ils étaient toujours dans la disposition de s'unir, pour travailler ensemble à l'Œuvre de la Doctrine chrétienne.

Ceux-ci ayant répondu que tel était leur désir, ils se donnèrent tous le baiser de paix et se promirent mutuellement de n'avoir désormais qu'un cœur et une âme, à l'exemple des premiers chrétiens.

On mit ensuite en délibération s'il fallait faire le premier établissement de la Doctrine chrétienne en ville, ou à la campagne ; et on se résolut à commencer l'œuvre à Avignon.

Or il y avait alors, dans cette ancienne cité des papes, une église et un couvent inoccupés, Sainte-Praxède.

C'était un monastère de Religieuses Dominicaines, que Sixte V avait supprimé, pour mettre fin à des désordres, qui s'étaient introduits dans cette communauté.

César le demanda à Clément VIII pour sa Congrégation.

Le Souverain Pontife répondit que François-Marie Taurugius venait d'être nommé à l'archevêché d'Avignon et qu'il instruirait lui-même cette affaire, lorsqu'il aurait pris possession de son siège.

César attendit patiemment l'heure de Dieu.

Et il se mit en route pour le Limousin, où Anne de Lévis, duc de Ventadour réclamait son ministère en faveur de ses nombreux vassaux.

Suivant sa coutume, il fit la plus grande partie du chemin à pied, malgré qu'on se trouvât dans la mauvaise saison.

L'accueil qu'il reçut le dédommagea de ses fatigues.

Le duc de Ventadour en effet vint à sa rencontre, et lui offrit un appartement dans son château. Mais l'austère missionnaire aima mieux se loger dans une pauvre et chétive maison, située dans le voisinage de l'église.

La mission eut un tel succès que l'effet s'en faisait sentir encore cinquante ans après, dans toutes les terres du duché.

*
* *

César fut de retour à Cavaillon, comme Taurugius, le nouvel archevêque d'Avignon, allait passer par la ville, pour se rendre dans son diocèse.

Notre chanoine se joignit à son évêque et à ses confrères du Chapitre, pour aller saluer ce haut et puissant prélat.

Et dans un entretien particulier, qui lui fut ménagé par des amis, il lui parla de l'Œuvre de la Doctrine chrétienne.

Taurugius était bien l'âme la mieux faite, pour apprécier, comme ils le méritaient, les bons desseins de M. de Bus.

Disciple de Saint Philippe de Néri, il lui avait succédé dans le gouvernement de la Congrégation de l'Oratoire et nul n'avait plus hérité que lui de l'esprit apostolique du fondateur de ce pieux Institut.

Aussi bien, loua-t-il très fort les projets du bon chanoine.

Il fit mieux encore et quelque temps après, le 8 septembre 1593, il donna aux premiers confrères de la Doctrine chrétienne l'église et la maison de Sainte-Praxède d'Avignon.

Le 28 septembre de la même année, César prit possession de ce couvent avec Gabriel Michel, un des prêtres de l'Assemblée de l'Isle.

Le lendemain, il expliqua « la petite doctrine » aux enfants.

Le dimanche suivant, il fit « la moyenne doctrine », au milieu d'une telle affluence d'auditeurs que l'église suffisait à peine à les contenir.

* * *

La moisson s'annonçait donc comme très abondante.

Mais les ouvriers étaient en bien petit nombre et cela désolait le serviteur de Dieu.

Mais voici que vers la mi-octobre de l'année 1593, un voyageur frappe un soir à la porte de Sainte-Praxède et demande à être reçu parmi les clercs de la Congrégation avec trois autres jeunes hommes, ses amis.

C'était Antoine Vigier, de la ville de l'Isle.

« A quoi serez-vous bon? Que savez-vous faire? interrogea Messire de Bus.

« Je sais, répondit le postulant, le Pater, l'Ave, le Credo, les Commandement de Dieu et de l'Eglise et un petit abrégé de la Doctrine chrétienne. Avec cela, j'irai, sous vos ordres, dans tous les hameaux et dans toutes les fermes du Comtat et de la Provence et partout où vous trouverez bon, instruire les bergers et les laboureurs. Je suis sûr qu'avant que j'aie enseigné toutes ces choses à ceux qui les ignorent, mes jours seront finis, quelque longs qu'ils puissent être.

« Je m'offre aussi, de bon cœur, ajouta-t-il, pour les services les plus vils, auxquels il vous plaira de m'employer. »

César ravi de la simplicité et des bonnes dispositions du jeune prétendant l'admit avec ses compagnons et le lendemain, tous quatre, savoir : Antoine Vigier, Pompée des Isnard, seigneur de Brantes, Guillaume Combe et Marc-Antoine Planchier entraient à la Doctrine chrétienne.

Le supérieur de Sainte-Praxède les employa tout d'abord à catéchiser les enfants et plus tard, quand ils furent prêtres, il leur enseigna lui-même la manière de faire avec fruit les exercices de « la Moyenne et de la Grande Doctrine. »

Il leur recommandait, sur toute chose, d'éviter, dans leurs discours, tout ce qui est au dessus de la portée du commun ; et lorsque quelqu'un, dans ses prédications, employait par hasard des expressions trop savantes, ou s'élevait à des considérations que seuls les lettrés étaient capables de suivre, il le ramenait aussitôt au ton et au langage du catéchisme.

Lui-même se souvenant d'avoir fait usage, dans une de ses « doctrines », d'une expression quelque peu recherchée, feuilleta tous ses papiers, pour la retrouver et la rayer.

Un doctrinaire, qui avait prêché un jour devant lui, estimant, dans son for intérieur, avoir parlé avec distinction et voulant provoquer un compliment du saint homme, lui demanda ce qu'il pensait de son sermon :

« Rien autre, lui répondit César, sinon que vous avez bien caqueté. »

Dans une autre circonstance, un prédicateur ayant poussé la fatuité jusqu'à vouloir faire prendre copie au serviteur de Dieu d'un discours pompeux, qu'il venait de prononcer en sa présence :

« Je n'en ferai rien, répliqua sévèrement le supérieur de la Doctrine chrétienne, votre sermon n'est bon que pour ceux qui se plaisent à parler. Excusez-moi, s'il vous plaît, il ne me remplit pas. J'ai assez de Thomas à Kempis, lequel je lis déjà depuis onze ans et commence seulement depuis trois ans à l'entendre, en le pratiquant. »

*
* *

La méthode de César était bonne, on pouvait en juger par les résultats qu'elle produisait journellement.

L'archevêque Taurugius ravi de voir le bien accompli, dans son diocèse, par le Père de Bus et ses disciples, désira étendre encore le champ de leur action apostolique et, en l'année 1594, il leur donna, dans Avignon, l'église et paroisse de Saint-Symphorien, « pour en icelle, porte le titre de donation, ériger l'exercice de la Doctrine chrétienne. »

*
* *

L'œuvre du bon chanoine de Cavaillon était donc en pleine prospérité.

Mais l'heure était proche, où lui-même devait être frappé d'une épreuve terrible pour la nature.

Depuis plusieurs années déjà, sa vue baissait étonnamment.

Vers l'année 1597, le mal empira soudain, au point que l'humble prêtre dut renoncer à célébrer les saints mystères.

Les premiers mois de sa cécité furent particulièrement pénibles.

Une douleur aiguë tourmentait incessamment le pauvre infirme et ne lui laissait pas un instant de répit.

Souvent, la nuit se passait avant qu'il eût pu prendre une heure de sommeil.

Aussi bien, était-il tombé dans un état d'épuisement extrême.

Notre-Seigneur, à la fin, eut pitié de lui et il lui révéla que ses douleurs cesseraient, s'il faisait un usage plus habituel de la Sainte-Eucharistie.

Depuis qu'il ne disait plus la messe, en effet, César s'était contenté de communier, les jeudis et les dimanches.

Sur l'avis que notre divin Sauveur lui en donna, il résolut de communier, tous les jours, et à peine l'eut-il fait, que ses douleurs cessèrent subitement.

Toutefois, ses yeux demeurèrent entièrement fermés à la lumière.

César, bien loin de s'attrister, au milieu de cette épreuve, remerciait la Providence de l'avoir traité, comme elle avait traité autrefois le saint homme Tobie, et à ceux qui s'apitoyaient sur son sort, il faisait cette admirable réponse :

« Si je devais regretter ma vue, je le ferais volontiers, pour trois raisons seulement : la première, pour célébrer la sainte messe ; la deuxième, pour faire la doctrine aux petits enfants ; la troisième, pour voir mes pénitents et les pêcheurs capables de conversion. Hors de là, je ne voudrais pas changer mon aveuglement avec le plus riche présent de la nature, ou de la fortune. »

Et lorsqu'en traversant les rues de la ville, il entendait quelqu'un manifester tout haut son regret de le voir privé de la vue :

« Sachez, leur disait-il, que je me réjouis de cet accident, croyant avoir perdu, dans mes yeux, mes deux plus grands ennemis. J'en avais abusé autrefois, en regardant les vaines images de ce monde trompeur, qui ont blessé mon âme. Je suis ravi que Dieu ait fermé ces deux portes, par lesquelles la mort est entrée dans mon cœur. Je ne donnerais pas la pointe d'une épingle, pour recouvrer ma vue. »

Son infirmité, au demeurant, ne l'empêchait pas de régler les affaires de la maison, dont on lui rendait, chaque jour, un compte exact, non plus que de faire « la Moyenne Doctrine ».

Il semblait même que le malheur, en le frappant, lui avait attiré de nouvelles sympathies. De partout on venait entendre le missionnaire aveugle, et, à une de ses Instructions, on compta jusqu'à quatre princes de l'Eglise, savoir : les cardinaux de Joyeuse, de Gondi, de Sourdis et de Conti, qui se retirèrent profondément édifiés de ce qu'ils avaient vu et entendu.

VII

César de Bus introduit l'Institut des Ursulines en France, et fonde, à l'Isle, la première maison de cette Congrégation.

1592-1596

César de Bus avait remarqué, dans ses missions, que la plupart des femmes et des filles du peuple croupissaient dans la plus noire ignorance.

Et depuis longtemps, il songeait à fonder une société de pieuses institutrices, qui s'adonneraient à l'Œuvre de l'Education chrétienne des petites filles.

Tout d'abord, il avait jeté les yeux sur une jeune personne de condition de la ville de Cavaillon, Mademoiselle Anne de Garnier, pour en faire comme le premier fondement de cette institution.

Mais Anne de Garnier attirée vers la vie monastique avait pris l'habit chez les Bénédictines, et César de Bus avait dû chercher ailleurs quelqu'un qui pût le seconder dans son louable dessein.

Il fixa alors son choix sur une de ses nièces, Cassandre de Bus et sur les trois sœurs, Madeleine, Marguerite et Catherine Plancher, filles de Toussaint Plancher, médecin.

Il leur donna à entendre, dans plusieurs conférences, qu'il leur fit, à ce sujet, qu'elles se rendraient très agréables à Dieu, en instruisant des vérités du salut tant de petites filles, qui les ignoraient.

Par là-même, il leur inspira un très vif attrait pour la vocation de maîtresses d'école, et, dès l'année 1592, les quatre pieuses demoiselles commencèrent de tenir « l'assemblée », à l'Isle, dans le Comtat Venaissin.

*
* *

Peu après, vint s'adjoindre à elles Mademoiselle Françoise de Bermond.

C'était une jeune fille douée d'une grande distinction. Elle était née, à Avignon, en 1572, de Pierre de Bermond, trésorier du roi, en la généralité de Provence, et receveur de la douane de Marseille, et de Pérette de Marcillon.

Son enfance avait été particulièrement bénie et favorisée de Dieu.

Dès que Françoise avait été capable de balbutier quelques mots, sa mère, femme de grande foi et piété, l'avait instruite des principales vérités de la Religion ; et l'aimable enfant s'était sentie poussée tout de suite à enseigner aux autres ce qu'elle avait appris elle-même.

Et — détail touchant dans son ingénuité — lorsque les domestiques de la maison étaient las de l'entendre prêcher, elle appelait toutes les poules de la basse-cour, leur récitait le *Pater*, l'*Ave* et le *Credo*, et avant de se retirer, distribuait quelques grains de blé, ou quelques miettes de pain de son goûter à celles qui avaient paru plus attentives et plus sages.

Elle avait formé, avec son petit frère, le projet d'aller convertir les Maures, et, un beau jour, les deux jeunes missionnaires quittèrent secrètement la maison de leurs parents, pour se rendre aux pays barbaresques, emportant, pour tout bagage, un vase rempli d'eau bénite et un goupillon, avec lequel ils commencèrent par asperger tous les Juifs de leur conaissance, qu'ils rencontrèrent dans les rues de la ville.

Comme on le devine aisément, leur pieuse équipée fut bientôt découverte.

Mais cette première déconvenue n'éteignit pas l'esprit d'apostolat dans l'âme de l'aimable enfant.

A neuf ans, elle entreprit de ramener à la foi catholique un de ses oncles, qui était protestant ; et pour obtenir du ciel la grâce de sa conversion, elle se mit à jeûner tous les vendredis et samedis.

Elle avait une facilité extraordinaire pour apprendre, et elle n'eut besoin que d'une leçon, pour savoir écrire.

Dans la suite, une de ses tantes, qui était veuve et sans enfants et fort adonnée aux œuvres de piété et de miséricorde l'ayant prise chez elle, Françoise, en la compagnie de cette respectable parente, fit encore de nouveaux progrès dans la vertu.

Mais ces heureux commencements ne tardèrent pas à être suivis d'une période d'aridité et de sécheresse désolantes.

Le Père Péguet, à qui sa tante l'avait confiée, pour qu'il la dirigeât dans les voies de la Perfection, étant venu à mourir, Françoise se trouva sans guide et sans soutien.

Et comme, à cette heure-là même, le monde lui faisait mille avances et tentait de l'attirer à lui par les sourires les plus engageants, la jeune fille se laissa prendre à ses appâts trompeurs et voulut avoir sa part de ses amusements et de ses fêtes.

Mais elle ne tarda pas à comprendre que ces frivolités ne peuvent donner que l'apparence du bonheur et elle revint à Dieu et aux pratiques de piété, qu'elle avait un moment abandonnées.

Tout d'abord, on la plaisanta sur sa conversion et on tenta de la ramener, par ce moyen, aux compagnies mondaines.

Mais lorsqu'on vit que sa résolution était inébranlable, on ne chercha plus à la détourner de son nouveau genre de vie ; et les esprits les plus légers eux-mêmes rendirent hommage à sa vertu.

Plusieurs jeunes filles de la ville se sentirent même pressées par la grâce d'imiter son exemple, notamment Catherine de Bermond, sa sœur, Jeanne Olivier, d'autres encore.

Et pour se fortifier dans leur bon dessein, elles formèrent, entre elles, une association de piété, qui bientôt compta vingt-quatre membres.

Lorsque César de Bus vint habiter le couvent de Sainte-Praxède, à Avignon, la plupart de ces pieuses filles le choisirent pour directeur.

Le Père de Bus leur conseilla comme une œuvre très méritoire de s'appliquer à l'instruction chrétienne des enfants du peuple, ce qu'elles firent avec beaucoup d'empressement.

Il y avait déjà deux ans qu'elles travaillaient de la sorte, lorsque le bon chanoine fut inspiré de leur donner la Règle de Sainte-Ursule.

Et voici comment lui vint cette pensée :

L'évêque de Carpentras, François Sadolet, ayant remis un jour à Mademoiselle de Vaucluse, jeune personne de haut mérite, qui vivait dans le siècle, comme une religieuse, un exemplaire de la Règle donnée aux Ursulines de Milan par Saint-Charles, pour qu'elle s'édifiât de cette bonne lecture, celle-ci montra le livre au chanoine Romillon, son directeur.

Celui-ci ayant pensé que cet ouvrage pourrait éclairer son vertueux cousin César de Bus, dans la conduite des écoles, qu'il avait établies à Avignon, le lui communiqua.

César n'eut pas plus tôt jeté les yeux sur ce livre, qu'il comprit que Dieu le lui avait montré, pour qu'il en fît comme le Code de la Société nouvelle, qu'il avait instituée.

Il en parla à ses filles d'Avignon et à celles de l'Isle, et toutes ensemble convinrent de se réunir en une seule communauté, dès que les circonstances seraient favorables, pour embrasser un genre de vie si manifestement inspiré du Ciel.

César, avec les ressources que lui fournit Mademoiselle de Vaucluse, leur procura, à l'Isle, un logement plus vaste et plus convenable que celui occupé, jusque-là, par Cassandre de Bus et ses premières compagnes ; et dans le courant de l'année 1596, les pieuses maîtresses d'école vinrent en prendre possession et y commencer les exercices de leur Institut. Cette maison de l'Ile fut la première habitée, en deçà des monts, par les filles de Sainte Angèle de Mérici et comme le berceau de la Congrégation des Ursulines de France ; et c'est à bon droit que le vénérable César de Bus est regardé comme l'auteur de cette branche de la grande famille des Ursules.

VIII

Fondation de la Maison de l'Isle. — Le pape Clément VIII érige en Congrégation l'œuvre de la Doctrine chrétienne. — Les Doctrinaires cèdent aux Religieuses de Saint-Dominique l'église et la maison de Sainte-Praxède et reçoivent en retour celle de Saint-Jean-le-Vieux, à Avignon. On suscite des embarras à l'Institut. — Fondation de la maison d'Aix-en-Provence. — Première assemblée générale de la Congrégation. — Deuxième assemblée générale. — Introduction des vœux dans la Congrégation et Séparation du Père Romillon.

1598-1604

Le Père de Brantes, à qui Dieu avait départi, dans une assez large mesure, les biens de la terre voulut en faire profiter la Religion et sa Communauté, à laquelle il était fort affectionné.

Il offrit donc au Père de Bus sa maison de l'Isle, pour y établir des confrères de la Doctrine chrétienne et s'engagea en outre à leur bâtir une église et à la doter de cent écus de rente.

Sur ces entrefaites, Jean-François Taurugius, archevêque d'Avignon, fut créé cardinal et alla résider à Rome.

Il intéressa le pape Clément VIII à l'Œuvre des doctrinaires et obtint de lui un Bref érigeant la Doctrine chrétienne en Congrégation.

Le même bref réglait que les religieuses de Saint-Dominique rentreraient en possession du couvent de Sainte-Praxède, dont elles avaient été privées, quelques années auparavant, et où César et ses disciples faisaient, pour lors, leur résidence; mais, qu'en retour, elles céderaient aux Doctrinaires l'église et la maison de Saint-Jean-le-Vieux, qu'elles occupaient présentement, dans Avignon.

L'approbation de leur Institut par le chef suprême de l'Eglise combla de joie César et ses confrères.

Une chose pourtant l'attrista dans ce décret d'approbation, à savoir l'obligation qu'il imposait aux membres de la Congrégation de se donner, par libre suffrage, un supérieur général.

César prévoyait d'avance que le choix de ses disciples se fixerait sur lui ; et c'était pour éviter cet honneur, qu'il avait réglé, dans le principe, que chacun, dans l'Institut, commanderait à son tour et par semaine, pratique qui avait été observée jusque-là.

On s'assembla donc le 2 juillet 1598 ; et toutes les voix se portèrent effectivement sur César de Bus.

Notre vertueux chanoine eut beau se défendre de ces honneurs, faire valoir ses infirmités, pour obtenir un second vote, l'assemblée persista dans son premier sentiment, et le fondateur de la Doctrine chrétienne dut se résoudre à en devenir le premier supérieur.

Aussitôt après la tenue de ce Chapitre, on se mit en mesure de faire la translation du chef-lieu de la Congrégation, du monastère de Sainte-Praxède, à celui de Saint-Jean-le-Vieux ; et le 11 juillet de l'année 1598, les Pères entraient dans cette dernière maison, tandis que les religieuses de Saint-Dominique prenaient possession de leur ancien Couvent.

*
* *

Il semblait, après cela, que les fils de César de Bus n'eussent plus qu'à croître et à se multiplier.

Et ce fut le moment que le démon choisit pour susciter contre eux une tempête des plus violentes.

On alla jusqu'à vouloir leur enlever cette maison de Saint-Jean-le-Vieux, que le Souverain Pontife leur avait donnée.

Le nouvel évêque de Cavaillon, Jérôme de Centelles, prévenu contre César, émit la prétention de vouloir l'obliger, pour jouir de sa prébende, à résider dans la ville épiscopale et, pour se délivrer de ses importunités, le pauvre chanoine en fut réduit à résigner son bénéfice.

Le peuple lui-même ébranlé par toutes les calomnies proférées contre César et ses compagnons ne leur témoignait plus la même confiance.

La Doctrine chrétienne était moins fréquentée et les familles n'osaient plus permettre à leurs fils d'entrer dans la Congrégation.

*

* *

Et comme si toutes ces épreuves n'étaient pas suffisantes pour achever de purifier l'âme du serviteur de Dieu, voici que la croix lui vint de celui-là même qu'il regardait comme son plus vieil et plus fidèle ami, du Père Romillon.

Paul Hurault de l'Hôpital, archevêque d'Aix, ignorant que ce Père dépendait d'un autre, lui demanda de venir fonder, dans sa ville épiscopale, une maison de la Doctrine chrétienne, et s'offrit à la doter de trois cents livres de rente annuelle.

Romillon, de son côté, s'engagea à entretenir, dans cet établissement, deux prêtres et deux frères coadjuteurs, qui feraient, chaque dimanche, « la petite et la moyenne Doctrine » à ceux qui se présenteraient, pour assister à la leçon.

Et ce ne fut qu'après avoir tout réglé, qu'il songea à prévenir son supérieur.

Le Père de Bus lui fit répondre simplement : « qu'il pouvait gouverner, comme il l'entendrait sa maison d'Aix ; que pour lui il se sentait porté à la direction de la seule Communauté de Saint-Jean-le-Vieux. »

Mais ayant jugé utile, quelques mois après, de convoquer l'assemblée générale de la Congrégation, pour délibérer sur certaines affaires fort importantes, il négligea volontairement d'y appeler le Père Romillon.

Toutefois, pour ne pas rompre entièrement avec lui, lorsque, à la fin de l'assemblée, il distribua les charges, il lui réserva le titre de prieur de la Confrérie de la Doctrine chrétienne et des maisons de Sainte-Ursule.

*
* *

Cette assemblée, tenue le 13 juin de l'année 1601, fut bientôt suivie d'une autre encore plus importante et dans laquelle César se proposait de donner à sa Société sa constitution définitive.

Ce second Chapitre ouvrit ses assises le 25 août de l'année 1602, et dès la première réunion, le supérieur de la Doctrine chrétienne proposa à ses confrères de se lier par les vœux d'obéissance et de pauvreté, afin de donner à la Congrégation une base et un fondement plus solides.

Le plus grand nombre des confrères se rangea à l'avis du saint homme.

Mais le père Romillon et quelques-uns de son parti refusèrent de prendre de tels engagements. Souhaitant que l'Institut demeurât ce qu'il avait été à l'origine, à savoir, une Compagnie de prêtres séculiers, ils s'opposèrent, de tout leur pouvoir, à ce qu'elle fut transformée en Congrégation de clercs réguliers.

Les vœux furent néanmoins prononcés par ceux qui voulurent rester sous l'obéissance de César de Bus, et les autres sortirent de la Société, pour former un nouvel établissement, avec le Père Romillon, comme supérieur.

IX

Fondation des Maisons de Toulouse et de Brive-en-Limousin. — Le Père de Bérulle consulte César de Bus, au sujet de l'établissement de l'Oratoire, en France. — César prédit la mort du Père de Brantes. — Peine que lui cause la défection du frère Jean May.

1604-1606

Le cardinal de Joyeuse, archevêque de Toulouse, était grand admirateur du Père de Bus et de son œuvre, et il désirait vivement introduire l'Institut de la Doctrine chrétienne dans son diocèse.

La Providence permit qu'il put disposer du monastère de Saint-Rome, situé en sa ville archiépiscopale ; et le 6 octobre de l'année 1604, les Pères Pierre Sizoine et Antoine Vigier vinrent prendre possession de cette maison.

Dans le même temps, le président de Lestang, homme d'une science et d'une vertu peu ordinaires, désirant pourvoir d'un établissement semblable la ville de Brive-en-Limousin, où il était né, fit toutes les démarches et les dépenses nécessitées par la mise à exécution de ce pieux dessein, et la fondation put avoir lieu.

*
* *

Dans le cours de la même année 1604, M. de Bérulle revenant d'Espagne, où il était allé prendre des Religieuses Carmélites, pour créer, à Paris, une maison de leur Ordre, passa par Avignon, pour voir le Père de Bus, dont il avait ouï parler et lui demander son avis sur une œuvre, à laquelle il souhaitait de pouvoir donner les mains, nous voulons parler de l'introduction de l'Oratoire en France.

L'entretien qu'il eut avec le supérieur de Saint-Jean-le-Vieux dura plusieurs heures ; et César de Bus lisant dans l'avenir dit à M. de Bérulle : « que ce seroit lui et non quelque autre, qui fonderoit la Congrégation de l'Oratoire, en France, que telle étoit la volonté de Dieu, contre laquelle il ne devoit point se roidir. »

*
* *

Dieu révéla de même à son fidèle serviteur l'heure de la mort d'un de ses fils les plus aimés, le Père de Brantes.

Ce confrère de la Doctrine chrétienne, qui résidait d'ordinaire à la maison de l'Isle étant venu passer quelques jours à Saint-Jean-le-Vieux, alla, sur le point de s'en retourner chez lui, prendre congé de son supérieur général.

« Vous ne me verrez plus », lui dit en le reconduisant, le Père de Bus.

Comme César était infirme et dans un état de santé des plus précaires, le Père de Brantes jugea que son supérieur s'estimait proche de la tombe.

Mais à peine était-il de retour à l'Isle, qu'il tomba lui-même malade.

Tout d'abord, on crut, dans son entourage, à une simple fatigue et on ne s'alarma pas outre mesure. Mais peu à peu, la maladie s'aggrava, sans cependant faire croire encore à une issue imminente.

Cependant, plusieurs pères de Saint-Jean-le-Vieux, désireux de voir encore une fois, avant qu'il mourût, celui qui avait été le principal bienfaiteur et comme le nourricier de la Doctrine chrétienne, à ses débuts, suppliaient leur supérieur de leur permettre de se rendre à l'Isle.

Mais, durant plusieurs mois, celui-ci refusa à tous cette permission, assurant « qu'il n'étoit pas encore temps. »

Enfin, un jour, César fait appeler de grand matin un des pères et lui dit : « Allez-vous en voir maintenant le Père de Brantes ; car il s'en va mourir. Vous lui donnerez encore néanmoins l'absolution, ajouta-t-il. »

Et comme ce père lui faisait observer qu'un messager venait de lui apprendre que le supérieur de l'Isle allait au contraire beaucoup mieux :

« Allez-vous en, vous dis-je, reprit vivement le Père de Bus, si vous désirez le trouver en vie ; car je viens de voir une lumière, qui se meurt petit à petit. »

Et effectivement, celui-ci eut à peine le temps d'arriver à l'Isle, pour administrer l'Extrême-Onction au Père de Brantes et recevoir le dernier soupir de ce saint et dévoué confrère de la Doctrine chrétienne.

Cette mort quoique prévue ne laissa pas que de causer un très vif chagrin au serviteur de Dieu ; car le bon père aimait tendrement tous ses disciples, mais particulièrement celui-ci, à cause de ses éminentes vertus et des services signalés, qu'il avait rendus à l'Institut naissant.

La perte du Père de Brantes fut suivie d'une autre, qui fut également très sensible au cœur du vénérable Père de Bus, nous voulons parler de la sortie de la Congrégation d'un frère coadjuteur, en qui César avait mis toute sa confiance et qui la mérita, pendant longtemps, le frère Jean May.

Jean May était originaire de Savoie.

Il était entré de bonne heure dans la Congrégation de la Doctrine chrétienne, et il avait été un des premiers collaborateurs du Père de Bus.

Celui-ci le prisait beaucoup, à cause de son obéissance et de son amour du travail.

Fort habile à soigner les malades, il était devenu l'infirmier de la maison ; et depuis que le Père de Bus avait perdu la vue, il avait été attaché à sa personne.

Très austère, il portait habituellement deux haires cousues ensemble.

Le démon se servit du goût excessif qu'avait le pauvre frère pour les pénitences extérieures, pour l'attirer dans un piège.

Il lui donna à entendre que la vie de communauté n'était pas assez parfaite et qu'il y aurait plus de mérite pour lui à embrasser la profession d'anachorète.

Frère Jean fit part à son saint directeur de ces pensées, qui lui venaient à l'esprit et celui-ci l'engagea à s'en détourner, comme d'une tentation très dangereuse.

Mais Satan ne s'avoua pas vaincu.

Le Père de Bus, suggéra-t-il au pauvre convers, est bien un Saint. Mais ses lumières ont des bornes. Il a reçu de Dieu, il est vrai, le talent de former des ecclésiastiques, mais non celui de préparer des ermites.

Et quel directeur après tout consultèrent jamais Saint Antoine le Grand, Saint Paul, Saint Pacôme et tous les anciens Pères du désert ?

L'Evangile seul.

J'ai ce même Evangile. Et l'Evangile me conseille de tout quitter, pour suivre Jésus-Christ.

Ebloui par tous ces faux raisonnements, l'humble servant sortit de la maison et se mit en mesure de chercher un ermitage, pour s'y retirer.

Ne le trouvant point, il se résolut à prendre du service à l'hôpital.

Dans la suite, des personnes charitables s'entremirent entre lui et son supérieur et obtinrent sa réintégration dans l'Institut de la Doctrine chrétienne.

Tout d'abord, il se montra fort marri de son acte d'insubordination et il s'appliqua à le faire oublier par une conduite exemplaire.

Mais avec le temps, son imagination recommença de vagabonder.

Elle lui représenta ses parents privés de secours spirituels, ignorants des mystères de la foi, exposés par suite à perdre leur âme, pour l'éternité.

Et elle lui laissa entendre qu'avant d'instruire les étrangers, il ferait bien mieux d'enseigner aux siens les vérités du salut.

Sous ce beau prétexte, il sortit une seconde fois de la Congrégation.

Comprit-il alors que sa démarche, au lieu d'être agréable à ses parents, serait désapprouvée par eux ?

Peut-être.

Toujours est-il qu'il ne prit pas le chemin de ses montagnes, mais demeura en Avignon, où, peu après, il se maria.

Cette union mal assortie lui causa mille déboires. Sa femme, personne méchante et acariâtre, lui infligea toute sorte sorte de mauvais traitements et en vint jusqu'à le frapper.

Elle finit même par le chasser de chez elle, et le malheureux dut s'en aller, en Provence, chercher un emploi, qui lui permît de gagner honnêtement sa vie.

Il le trouva dans la maison d'un gentilhomme de cette province, qui l'accepta comme intendant.

Ses bons services le rendirent agréable à son maître, qui bientôt lui donna toute sa confiance.

Les autres serviteurs en conçurent une violente jalousie, et jurèrent de le perdre, dans l'esprit de leur commun seigneur.

A force de ruses et de calomnies, ils y réussirent, et celui-ci trompé par eux finit par lui donner son congé, sans même vouloir lui payer ses gages.

Jean May voulut user de compensation occulte, ainsi que le lui permettait sa conscience.

Il fut surpris en flagrant délit, arrêté et livré aux officiers de justice, qui le condamnèrent à la prison.

A quelque temps de là, deux religieux visitant par charité les prisonniers furent surpris d'entendre l'un d'eux parler de religion avec beaucoup de savoir et de sa triste position, avec des sentiments de résignation admirables. C'était Jean May.

Ils l'interrogèrent sur sa vie passée, sur les motifs de son arrestation.

Et le pauvre reclus leur ayant raconté ses aventures et ses malheurs, ils allèrent eux-mêmes trouver son ancien maître, qui reconnut, après les explications qu'ils lui donnèrent, son entière innocence et le fit remettre en liberté.

X

Procès au sujet de la Maison de l'Isle. — Entrée du Père Larme dans la Congrégation de la Doctrine chrétienne. — Dernière maladie du Père de Bus. — Le serviteur de Dieu se démet de la charge de supérieur. — On l'oblige, au nom de l'obéissance, à faire le récit de sa vie. — Sa mort.

1606-1607

Le Père Romillon, en se séparant de César de Bus, réclama pour lui et ses associés la possession de la maison de l'Isle, qu'il avait gouvernée depuis sa fondation, jusqu'à son départ pour Aix.

Le souci des intérêts de sa Congrégation obligea le Père de Bus à refuser de faire droit à cette demande.

Il s'en suivit un procès, qui attrista profondément le serviteur de Dieu, mais qui tourna à son avantage, car les juges estimèrent que la maison de l'Isle lui appartenait.

Vers le même temps, le Père de Bus éprouva une grande joie, qui lui fut occasionnée par l'entrée, dans la Congrégation, d'un jeune clerc appelé maître Antoine Larme.

Ce jeune homme était étudiant en théologie, à la Faculté d'Avignon, lorsque ayant eu besoin de prendre, au sujet d'une affaire le concernant, l'avis d'un homme sage et éclairé, il alla consulter le R. P. Silvestre, religieux récollet.

Mais celui-ci le renvoya à César de Bus, en lui déclarant que les lumières de ce saint homme l'emportaient de beaucoup sur les siennes.

Antoine Larme se présente donc à Saint-Jean-le-Vieux.

On le conduit au Père de Bus.

Le supérieur de la Doctrine chrétienne le fait asseoir tout contre lui et écoute bien attentivement l'exposé de son cas.

Puis il lui donne rendez-vous pour le lendemain, ajoutant que d'ici là, il consultera le ciel, dans l'oraison.

Prenant ensuite le bras du jeune homme, il lui frappe trois fois dans la main, sans proférer aucune parole.

Mais ce contact mystérieux produit une commotion tellement violente dans tout l'être du jeune écolier, que maître Larme est sur le point de s'évanouir.

Revenu à son logis, il passe le reste de la journée à pleurer.

Le lendemain, il se présente de nouveau chez le supérieur de Saint-Jean-le-Vieux, et lui raconte tout ce qui lui est advenu la veille.

Celui-ci n'en paraît nullement surpris et lui répond : « qu'il a vu la même chose arriver à plusieurs ; qu'au demeurant, il ne faut pas s'en troubler davantage ; car ces larmes se changeront bientôt en cantiques d'allégresse. »

Antoine Larme sort de la chambre du Père de Bus ; et le Père Sizoine y étant entré, dans l'instant : « Voilà un jeune homme acquis à la Congrégation », lui dit son supérieur.

Et effectivement, le jeune étudiant demanda peu après à être admis dans l'Institut.

*
* *

Cependant, les infirmités du bon Père de Bus s'aggravaient toujours.

Atteint maintenant d'hydropisie, le vénérable fondateur de la Doctrine chrétienne souffrait horriblement jour et nuit.

Ses douleurs incessantes éloignaient de lui le sommeil, qui eût apporté qelque adoucissement à ses maux. Le malade passa quatre mois, sans pouvoir dormir.

Une flamme secrète le dévorait intérieurement. Son estomac ulcéré refusait toute nourriture. Dévoré d'une soif ardente, il devait, par ordre des médecins, se priver de boire ; et c'est à peine si on lui permettait de prendre un verre d'eau en trois jours.

Et comme si tant de maux n'eussent pas été suffisants, pour éprouver la vertu du serviteur de Dieu, les démons se plaisaient à y ajouter mille persécutions.

Ils l'obsédaient de tentations, parfois même, ils le frappaient rudement de verges, l'arrachaient de son lit, le traînaient par la chambre et le laissaient tout rompu de coups et à moitié mort.

Au milieu de toutes ces souffrances, César conservait une sérénité parfaite et se montrait pleinement soumis à la volonté de Dieu :

« Je ne voudrais pas changer mon état présent, répétait-il à ceux qui le visitaient, pour celui de créature qui vive sur la terre. Que si Dieu me donnait le choix ou de continuer à porter ces pesants fardeaux, ou d'en être délivré tout à fait, je renoncerais à telle liberté, pour ne vouloir autre chose que sa seule volonté. Voire, que s'il me voulait tenir jusqu'au jugement au même état, j'y serais très volontiers. »

*
* *

Le premier jour d'avril, qui était en cette année

1607, le dimanche de la Passion, il demanda à recevoir le Saint-Viatique.

Le Père Torquat, accompagné de tous les prêtres de la maison, le lui porta en cérémonie.

A l'approche de Jésus-Hostie, le malade faisant un effort surhumain s'agenouilla, puis, la tête nue, les mains jointes, et les yeux pleins de larmes, il récita lui-même le *Confiteor* et le *Domine non sum dignus* et communia, avec des sentiments de dévotion, qui touchèrent tous les assistants.

Après avoir reçu la Sainte-Eucharistie, il demanda à son médecin s'il pouvait se faire administrer l'Extrême-Onction.

Et celui-ci lui ayant répondu : « qu'il avait assez de temps ; car le mal dont il était pressé ne donnait aucun signe de mort, mais promettait de le laisser vivre encore plusieurs mois », le Père lui répliqua qu'il se trompait, qu'il ne pouvait vivre que jusqu'à Pâques.

« Vous passerez bien plus outre », reprit le docteur. » — « Eh bien ! je vous assure, répartit César, que je mourrai ce jour-là. »

*
* *

Toutefois, avant de recevoir le dernier Sacrement, le saint homme voulut se décharger du supériorat, afin de mourir dans l'exercice de l'obéissance.

Il ordonna donc à tous les prêtres de sa Communauté de se réunir, dans sa chambre, pour élire un nouveau supérieur.

Ceux-ci obéirent, en pleurant ; et leur choix tomba sur celui qui était bien le plus digne de succéder au fondateur de la Doctrine chrétienne, le père Sizoine.

*

* *

Après l'élection, les Pères s'étant retirés, César, les mains jointes et les yeux levés au ciel, s'écria avec un air de contentement, qui paraissait sur son visage et dans toute son attitude : « Béni soit Dieu, qui m'a détaché de toutes les choses de ce monde, pour m'approcher de lui par les liens de l'obéissance. »

Et cette sainte obéissance, qui lui était si chère, il la pratiqua, jusqu'à la fin, envers son successeur, avec la simplicité d'un enfant, même lorsque le Père Sizoine lui demanda la chose, qui coûtait le plus à son humilité, à savoir de raconter aux confrères les grâces particulières que le Seigneur lui avait faites, durant sa vie, et les vertus cachées, qu'il avait pratiquées.

Le samedi saint, le Père de Bus sachant, à n'en pas douter, qu'il mourrait, le lendemain, et serait privé de l'usage de la parole, pendant les sept heures, que durerait son agonie, pria le Père Larme, son infirmier de prendre, par écrit, les prières et invocations, qu'il désirait lui être suggérées, à ses derniers moments.

C'étaient ce verset du psaume CXXIX : « Seigneur, si vous regardez les iniquités, qui pourra résister ? » ; et cette strophe d'une hymne du petit Office de Notre-Dame : « Marie, mère de grâce, mère de miséricorde, protégez-nous contre l'ennemi du salut et recevez-nous, à l'heure de la mort ! » ; et enfin cette prière à l'Ange gardien :

« Ange de Dieu, qui me gardez, éclairez aujourd'huy, dirigez et gouvernez celui que la divine volonté a commis à vos soins. »

Pendant qu'on lui répétait ces belles oraisons, le Père levait les yeux au ciel et paraissait tout perdu en Dieu.

On eut dit que déjà il jouissait de la vision béatifique.

Enfin, au matin du jour de Pâques, à l'heure même où Notre-Seigneur sortit plein de vie du tombeau, l'âme de son serviteur se détacha de sa fragile enveloppe et s'envola vers les demeures éternelles.

C'était le 15 avril 1607.

Le Père de Bus était âgé de 63 ans, deux mois et onze jours.

Des miracles nombreux et éclatants se sont accomplis sur son tombeau et l'Eglise a déclaré Vénérable celui qui fut le fondateur des Ursulines de France et des Pères de la Doctrine chrétienne.

TABLE DES MATIERES

www.ingramcontent.com/pod-product-compliance
Ingram Content Group UK Ltd.
Pitfield, Milton Keynes, MK11 3LW, UK
UKHW022127260726
13993UKWH00003B/1282

9 782329 271743